Impressum
Verlag: BABADADA GmbH, Nedderfeld 112 , 22529 Hamburg
Geschäftsführer / Verlagsleitung: Harald Hof
Druck: Books on Demand GmbH, In de Tarpen 42, 22848 Norderstedt

Imprint
Publisher: BABADADA GmbH, Nedderfeld 112 , 22529 Hamburg, Germany
Managing Director / Publishing direction: Harald Hof
Print: Books on Demand GmbH, In de Tarpen 42, 22848 Norderstedt

σχολική τάξη
教室

διαιρώ
除

$186/2$

πίνακας
黑板

σχολική αυλή
校园

δάσκαλος
老师

χαρτί
纸

γράφω
书写

στυλό
钢笔

γραφείο
办公桌

χάρακας
直尺

βιβλίο
书

μαθητής
学生

σχολική τσάντα

书包

κασετίνα/ μολυβοθήκη

铅笔盒

μολύβι

铅笔

ξύστρα

卷笔刀

γόμα

橡皮擦

μπλοκ ζωγραφικής

画板

ζωγραφική

图画

πινέλο

画笔

κουτί χρωμάτων

颜料盒

ψαλίδι

剪刀

κόλλα

胶水

τετράδιο ασκήσεων

练习册

εργασία για το σπίτι

家庭作业

αριθμός

数字

προσθέτω

加

αφαιρώ

减

πολλαπλασιάζω

乘

υπολογίζω

计算

γράμμα

字母

αλφάβητο

字母表

λέξη

字

κείμενο

课文

διαβάζω

读

κιμωλία

粉笔

μάθημα

上课

εγγράφομαι

登记

τεστ

考试

πιστοποιητικό

证书

μαθητική στολή

校服

εκπαίδευση

教育

εγκυκλοπαίδεια

百科全书

πανεπιστήμιο

大学

μικροσκόπιο

显微镜

χάρτης

地图

καλάθι αχρήστων

废纸筐

ξενοδοχείο
酒店

Grand

ξενώνας
青年旅社

ROOMS

EXCHANGE

ανταλλακτήρια συναλλάγματος
外币兑换处

βαλίτσα
手提箱

αυτοκίνητο
汽车

γλώσσα
语言

ναι / όχι
是/否

εντάξει
好的

γεια σου
您好

μεταφραστής
翻译员

Ευχαριστώ
谢谢

πόσο κάνει ;

......多少钱？

Δε καταλαβαίνω

我不明白

πρόβλημα

问题

Καλησπέρα!

晚上好！

Καλημέρα!

早上好！

Καληνύχτα!

晚安！

Αντίο

再见

κατεύθυνση

方向

αποσκευές

行李

τσάντα

包

σακίδιο πλάτης

双肩包

καλεσμένος

客人

δωμάτιο

房间

υπνόσακος

睡袋

σκηνή

帐篷

ταξίδι - 旅行

τουριστικές πληροφορίες

旅游信息

παραλία

海滩

πιστωτική κάρτα

信用卡

πρωινό

早餐

μεσημεριανό

午餐

δείπνο

晚餐

εισιτήριο

票

ανελκυστήρας

电梯

γραμματόσημο

邮票

σύνυρα

边界

τελωνείο

海关

πρεσβεία

大使馆

βίζα

签证

διαβατήριο

护照

αεροπλάνο
飞机

πλοίο
船

πυροσβεστικό όχημα
消防车

λεωφορείο
公交车

φορτηγό
卡车

ηχανοκίνητο σκάφος
艇

ποδήλατο
自行车

αυτοκίνητο
汽车

φεριμπότ

摆渡船

βάρκα

小船

μοτοσικλέτα

摩托车

περιπολικό

警车

αγωνιστικό αυτοκίνητο

赛车

ενοικιαζόμενο αυτοκίνητο

租车

ιαμοιρασμός αυτοκινήτων

拼车

γερανός

拖车

απορριμματοφόρο

垃圾车

κινητήρας

发动机

καύσιμο

汽油

βενζινάδικο

加油站

πινακίδα σήμανσης

交通标志

κυκλοφορία

交通

κυκλοφοριακή συμφόρηση

交通堵塞

χώρος στάθμευσης

停车场

σιδηροδρομικός σταθμός

火车站

σιδηροδρομικές γραμμές

轨道

τρένο

火车

τραμ

电车

βαγόνι

货车

ελικόπτερο

直升机

αεροδρόμιο

机场

πύργος

塔

επιβάτης

乘客

εμπορευματοκιβώτιο

集装箱

χαρτοκιβώτιο

纸板箱

καρότσι

手推车

καλάθι

篮子

απογειώνομαι /
προσγειόνομαι

起飞/降落

πόλη
城市

χωριό

村庄

κέντρο της πόλης

市中心

σπίτι

房子

σινεμά
电影院

διαφήμιση
广告

λάμπα δρόμου
路灯

CINEMA

οδός
街道

ταξί
出租车

ψιλικατζίδικο
小吃店

πεζός
行人

πεζοδρόμιο
人行道

διάβαση πεζών
斑马线

κάδος απορριμμάτων
垃圾箱

διασταύρωση
十字路口

φανάρια
红绿灯

καλύβα

小屋

διαμέρισμα

公寓

σιδηροδρομικός σταθμός

火车站

δημαρχείο

市政厅

μουσείο

博物馆

σχολείο

学校

πανεπιστήμιο

大学

τράπεζα

银行

νοσοκομείο

医院

ξενοδοχείο

酒店

φαρμακείο

药房

γραφείο

办公室

βιβλιοπωλείο

书店

κατάστημα

商店

ανθοπωλείο

花店

σούπερ μάρκετ

超市

αγορά

市场

πολυκατάστημα

百货商店

ιχθυοπωλείο

鱼店

εμπορικό κέντρο

购物中心

λιμάνι

海港

πάρκο

公园

παγκάκι

长凳

γέφυρα

桥

σκάλες

楼梯

μετρό

地铁

τούνελ

隧道

στάση λεωφορείου

公交车站

μπαρ

酒吧

εστιατόριο

餐馆

γρμμματοκιβώτιο

邮筒

πινακίδα δρόμου

路标

παρκόμετρο

停车计时器

ζωολογικός κήπος

动物园

πισίνα

游泳馆

τζαμί

清真寺

αγρόκτημα

农场

ρύπανση

污染

νεκροταφείο

墓地

εκκλησία

教堂

παιδική χαρά

操场

ναός

寺庙

τοπίο

地形

φύλλο
树叶

πινακίδα κατεύθυνσης
指示牌

δρόμος
路

λιβάδι
草地

πέτρα
石头

δέντρο
树

πεζοπόρος
徒步旅行者

ποτάμι
河

χορτάρι
草

λουλούδι
花

κοιλάδα

峡谷

λόφος

山

λίμνη

湖

δάσος

森林

έρημος

沙漠

ηφαίστειο

火山

κάστρο

城堡

ουράνιο τόξο

彩虹

μανιτάρι

蘑菇

φοίνικας

棕榈树

κουνούπι

蚊子

μύγα

苍蝇

μυρμήγκι

蚂蚁

μέλισσα

蜜蜂

αράχνη

蜘蛛

σκαθάρι

甲虫

βάτραχος

青蛙

σκίουρος

松鼠

σκαντζόχοιρος

刺猬

λαγός

野兔

κουκουβάγια

猫头鹰

πουλί

鸟

κύκνος

天鹅

αγριογούρουνο

野猪

ελάφι

鹿

άλκη

麋鹿

φράγμα

水坝

ανεμογεννήτρια

风力发电机

ηλιακός συλλέκτης

太阳能电池板

κλίμα

气候

σερβιτόρος
服务员

κατάλογος
菜单

καρέκλα
椅子

σούπα
汤

πίτσα
披萨饼

μαχαιροπίρουνα
餐具

τραπεζομάντιλο
桌布

ορεκτικό
前菜

κύριο πιάτο
主菜

επιδόρπιο
甜点

ποτά
饮料

φαγητό
食物

μπουκάλι
瓶子

φαστ φουντ

快餐

φαγητό στ' όρθιο

街边小吃

τσαγιέρα

茶壶

δοχείο ζάχαρης

糖盒

μερίδα

一份饭菜

μηχανή εσπρέσο

意式咖啡机

ψηλή καρέκλα

高脚椅

λογαριασμός

账单

δίσκος

托盘

μαχαίρι

刀

πιρούνι

餐叉

κουτάλι

勺子

κουταλάκι του τσαγιού

茶匙

πετσέτα φαγητού

餐巾

ποτήρι

玻璃杯

πιάτο

碟子

πιάτο σούπας

汤盘

πιατάκι φλιτζανιού

碟子

σάλτσα

酱

αλατιέρα

盐瓶

μύλος για πιπέρι

胡椒磨

ξύδι

醋

λάδι

食用油

μπαχαρικά

调味料

κέτσαπ

番茄酱

μουστάρδα

芥末

μαγιονέζα

蛋黄酱

σούπερ μάρκετ
超市

προσφορά
特价

πελάτης
顾客

γαλακτοκομικά προϊόντα
乳制品

καρότσι για ψώνια
购物车

φρούτα
水果

FOR

κρεοπωλείο

肉铺

φούρνος

面包房

ζυγίζω

称重

λαχανικά

蔬菜

κρέας

肉

κατεψυγμένα τρόφιμα

冷冻食品

20   σούπερ μάρκετ - 超市

αλλαντικά

冷盘

κονσερβοποιημένη τροφή

罐头食品

απορρυπαντικό ρούχων

洗衣粉

γλυκά

甜食

οικιακά είδη

日用品

καθαριστικά προϊόντα

清洁用品

πωλήτρια

销售员

ταμείο

收银机

ταμίας

收银员

λίστα για ψώνια

购物清单

ωράριο λειτουργίας

开放时间

πορτοφόλι

钱包

πιστωτική κάρτα

信用卡

τσάντα

袋子

πλαστική σακούλα

塑料袋

σούπερ μάρκετ - 超市

νερό

水

χυμός

果汁

γάλα

牛奶

κόκα κόλα

可乐

κρασί

红酒

μπίρα

啤酒

αλκοόλ

酒

κακάο

可可

τσάι

茶

καφές

咖啡

εσπρέσο

意式浓缩咖啡

καπουτσίνο

卡布奇诺

μπανάνα

香蕉

μήλο

苹果

πορτοκάλι

橙子

πεπόνι

西瓜

λεμόνι

柠檬

καρότο

胡萝卜

σκόρδο

大蒜

μπαμπού

竹子

κρεμμύδι

洋葱

μανιτάρι

蘑菇

ξηροί καρποί

坚果

νουντλς

面条

μακαρόνια

意大利面条

ρύζι

米饭

σαλάτα

沙拉

πατατάκια

薯条

τηγανητές πατάτες

炸土豆

πίτσα

披萨饼

χάμπουργκερ

汉堡包

σάντουιτς

三明治

κοτολέτα

炸猪排

ζαμπόν

火腿

σαλάμι

萨拉米

λουκάνικο

香肠

κοτόπουλο

鸡肉

ψητό

烤肉

ψάρι

鱼

χυλός βρώμης

燕麦片

μούσλι

穆兹利

κορν φλέικς

玉米片

αλεύρι

面粉

κρουασάν

羊角面包

ψωμάκι

面包卷

ψωμί

面包

τοστ

烤面包

μπισκότα

饼干

βούτυρο

黄油

τυρόπηγμα

凝乳

κέικ

蛋糕

αυγό

蛋

τηγανητό αυγό

煎蛋

τυρί

奶酪

παγωτό

冰激凌

ζάχαρη

糖

μέλι

蜂蜜

μαρμελάδα

果酱

άλλειμμα σοκολάτας

巧克力酱

κάρυ

咖喱饭

αγρόσπιτο
农舍

αχυρώνας
粮仓

δεμάτι άχυρου
稻草捆

χωράφι
田野

αλόγο
马

ρυμουλκούμενο
拖车

τρακτέρ
拖拉机

πουλάρι
马驹

γάιδαρος
驴

πρόβατο
羊

αρνί
羔羊

κατσίκα

山羊

αγελάδα

奶牛

μοσχαράκι

牛犊

γουρούνι

猪

γουρουνάκι

小猪

ταύρος

公牛

χήνα

鹅

πάπια

鸭

κοτοπουλάκι

小鸡

κότα

母鸡

κόκορας

公鸡

αρουραίος

鼠

γάτα

猫

ποντίκι

老鼠

βόδι

牛

σκύλος

狗

σπιτάκι σκύλου

狗屋

λάστιχο κήπου

花园浇水软管

ποτιστήρι

洒水壶

θεριστήρι

长柄大镰刀

αλέτρι

犁

δρεπάνι

镰刀

τσάπα

锄头

δίκρανο

长柄草耙

τσεκούρι

斧头

χειράμαξα

独轮手推车

ταΐστρα

饲料槽

δοχείο γάλακτος

牛奶罐

σάκος

麻布袋

φράχτης

栅栏

στάβλος

马厩

θερμοκήπιο

温室

έδαφος

土壤

σπόρος

种子

λίπασμα

肥料

θεριζοαλωνιστική μηχανή

联合收割机

θερίζω

收割

συγκομιδή

收割

γιαμς

山药

σιτάρι

小麦

σόγια

大豆

πατάτα

土豆

καλαμπόκι

玉米

κράμβη

油菜籽

οπωροφόρο δέντρο

果树

μανιόκα

树薯

δημητριακά

谷物

καμινάδα
烟囱

στέγη
屋顶

υδρορροή
落水管

παράθυρο
窗户

γκαράζ
车库

κουδούνι
门铃

πόρτα
门

σκουπιδοτενεκές
垃圾桶

γραμματοκιβώτιο
信箱

κήπος
花园

σαλόνι

客厅

μπάνιο

浴室

κουζίνα

厨房

υπνοδωμάτιο

卧室

παιδικό δωμάτιο

儿童房

τραπεζαρία

餐厅

πάτωμα

地板

τοίχος

墙壁

οροφή

吊顶

κελάρι

地窖

σάουνα

桑拿

μπαλκόνι

阳台

βεράντα

露台

πισίνα

游泳池

μηχανή του γκαζόν

割草机

σεντόνι

被单

κάλυμμα κρεβατιού

床罩

κρεβάτι

床

σκούπα

扫帚

κουβάς

水桶

διακόπτης

开关

ταπετσαρία
壁纸

φωτογραφία
照片

λάμπα
台灯

ράφι
搁架

ντουλάπι
橱柜

τηλεόραση
电视机

τζάκι
壁炉

λουλούδι
花

μαξιλάρι
垫子

καναπές
沙发

βάζο
花瓶

τηλεκοντρόλ
遥控器

χαλί

地毯

κουρτίνα

窗帘

τραπέζι

餐桌

καρέκλα

椅子

κουνιστή πολυθρόνα

摇椅

πολυθρόνα

扶手椅

βιβλίο

书

κουβέρτα

毯子

διακόσμηση

装饰品

καυσόξυλα

木柴

ταινία

电影

στερεοφωνικό σύστημα

高保真音响

κλειδί

钥匙

εφημερίδα

报纸

πίνακας ζωγραφικής

油画

αφίσα

海报

ραδιόφωνο

收音机

σημειωματάριο

笔记本

ηλεκτρική σκούπα

吸尘器

κάκτος

仙人掌

κερί

蜡烛

φούρνος μικροκυμάτων
微波炉

ψυγείο
冰箱

ζυγαριά κουζίνας
厨房秤

τοστιέρα
烤面包机

απορρυπαντικό
洗洁精

φούρνος
烤箱

κατάψυξη
冰柜

σκουπιδοτενεκές
垃圾桶

πλυντήριο πιάτων
洗碗机

κουζίνα

炊具

κατσαρόλα

锅

μαντεμένια κατσαρόλα

铸铁锅

γουόκ/καντάι

炒锅

τηγάνι

平底锅

βραστήρας

水壶

ατμομάγειρας

蒸锅

ταψί

烤盘

πιατικά

陶瓷锅

κούπα

马克杯

μπολ

碗

ξυλάκια

筷子

κουτάλα

长柄勺

σπάτουλα

铲子

ανακατεύω

搅拌器

σουρωτήρι

滤网

σουρωτηράκι

筛子

τρίφτης

磨碎机

γουδί

研钵

ψησταριά

烧烤

ανοιχτή φωτιά

明火

σανίδα κοπής

菜板

πλάστης

擀面杖

ανοιχτήρι φελλών

开瓶器

κονσέρβα

罐子

ανοιχτήρι κονσέρβας

开罐器

γάντι φούρνου

隔热手套

νεροχύτης

水槽

βούρτσα

刷子

σφουγγάρι

海绵

μπλέντερ

搅拌机

καταψύκτης

冷藏箱

μπιμπερό

奶瓶

βρύση

水龙头

θέρμανση
供暖设备

ντους
淋浴

πετσέτα
毛巾

κουρτίνα ντουζ
浴帘

αφρόλουτρο
泡沫浴

μπανιέρα
浴缸

ποτήρι
玻璃杯

πλυντήριο ρούχων
洗衣机

πλακάκια
瓷砖

βρύση
水龙头

γιογιό
便壶

νεροχύτης
水槽

τουαλέτα
厕所

τούρκικη τουαλέτα
蹲便器

μπιντές
坐浴器

ουρητήριο
小便池

χαρτί υγείας
厕纸

πιγκάλ
马桶刷

οδοντόβουρτσα

牙刷

οδοντόκρεμα

牙膏

οδοντικό νήμα

牙线

πλένω

洗

τηλέφωνο ντους

手持式喷淋头

ντουσιέρα

冲洗器

λεκάνη

洗脸盆

βούρτσα πλάτης

擦背刷

σαπούνι

肥皂

αφρόλουτρο

沐浴露

σαμπουάν

洗发水

φανέλα

法兰绒

σιφόνι

排水

κρέμα

乳霜

αποσμητικό

除臭剂

καθρέφτης

镜子

καθρέφτης χειρός

手镜

ξυραφάκι

剃须刀

αφρός ξυρίσματος

剃须泡沫

αφτερσέιβ

须后水

χτένα

梳子

βούρτσα

刷子

σεσουάρ

吹风机

λακ

喷发定型剂

μακιγιάζ

化妆品

κραγιόν

唇膏

βερνίκι νυχιών

指甲油

βαμβάκι

化妆棉

ψαλίδι νυχιών

指甲剪

άρωμα

香水

νεσεσέρ

洗漱包

σκαμπό

凳子

ζυγαριά

计重秤

μπουρνούζι

浴袍

ελαστικά γάντια

橡胶手套

ταμπόν

卫生棉条

πετσέτα υγιεινής

卫生巾

χημική τουαλέτα

化学厕所

ξυπνητήρι
闹钟

λούτρινο ζωάκι
毛绒玩具

αυτοκινητάκι
玩具车

κουδουνίστρα
拨浪鼓

κουκλόσπιτο
玩具屋

δώρο
礼物

μπαλόνι
气球

κρεβάτι
床

καροτσάκι
（洋娃娃用）婴儿车

τράπουλα
扑克牌

παζλ
拼图

κόμικς
漫画

τουβλάκια lego

乐高积木

τουβλάκια κατασκευών

积木玩具

φιγούρα δράσης

玩具人

βρεφικό φορμάκι

婴儿服

φρίσμπι

飞盘

μόμπιλο

床铃玩具

επιτραπέζιο παιχνίδι

棋盘游戏

ζάρια

骰子

σετ τρενάκι

火车模型

πιπίλα

安抚奶嘴

πάρτι

聚会

εικονογραφημένο βιβλίο

绘本

μπάλα

球

κούκλα

洋娃娃

παίζω

玩

σκάμμα με άμμο

沙坑

κούνια

秋千

παιχνίδια

玩具

κονσόλα βιντεοπαιχνιδιών

游戏机

τρίκυκλο

三轮车

αρκουδάκι

泰迪熊

ντουλάπα

衣柜

ρούχα
衣服

κάλτσες

袜子

καλτσοδέτες

长袜

καλσόν

紧身裤

κασκόλ
围巾

ζώνη
皮带

ομπρέλα
雨伞

μπλουζάκι
T恤

αθλητικά παπούτσια
运动鞋

μπότες
靴子

παντόφλες
拖鞋

σανδάλια
凉鞋

παπούτσια
鞋

γαλότσες
雨靴

εσώρουχο
内裤

σουτιέν
胸罩

φανέλα
背心

σώμα

身体

παντελόνι

裤子

τζιν παντελόνι

牛仔裤

φούστα

短裙

μπλούζα

女式衬衫

πουκάμισο

衬衫

πουλόβερ

套头衫

πουλόβερ

卫衣

σακάκι

西装夹克

μπουφάν

夹克

παλτό

外套

αδιάβροχο πανωφόρι

雨衣

κοστούμι

套装

φόρεμα

连衣裙

νυφικό

婚纱

κοστούμι

西装

νυχτικό

睡袍

πιτζάμες

睡衣

σάρι

莎丽

μαντήλι

头巾

τουρμπάνι

包头巾

μπούρκα

波卡

καφτάνι

卡夫坦

μουσουλμανικό ένδυμα

(阿拉伯式)长袍长袍

ολόσωμο μαγιό

泳衣

ανδρικό μαγιό

男式泳裤

σορτς

短裤

αθλητική φόρμα

运动服

ποδιά

围裙

γάντια

手套

κουμπί

纽扣

γυαλιά

眼镜

βραχιόλι

手链

περιδέραιο

项链

δαχτυλίδι

戒指

σκουλαρίκι

耳环

καπέλο

便帽

κρεμάστρα

衣架

καπέλο

帽子

γραβάτα

领带

φερμουάρ

拉链

κράνος

头盔

τιράντες

背带

μαθητική στολή

校服

στολή

制服

σαλιάρα

围兜

πιπίλα

安抚奶嘴

πάνα

尿不湿

γραφείο
办公室

σέρβερ
服务器

αρχειοθήκη
文件柜

εκτυπωτής
打印机

οθόνη
显示屏

χαρτί
纸

γραφείο
办公桌

ποντίκι
鼠标

ντοσιέ
文件夹

πληκτρολόγιο
键盘

καλάθι αχρήστων
废纸篓

υπολογιστής
电脑

καρέκλα
椅子

κούπα του καφέ

咖啡杯

κομπιουτεράκι

计算器

ίντερνετ

因特网

λάπτοπ

笔记本电脑

γράμμα

信件

μήνυμα

消息

κινητό

手机

δίκτυο

网络

φωτοτυπικό μηχάνημα

复印机

λογισμικό

软件

τηλέφωνο

电话

πρίζα

插座

συσκευή φαξ

传真机

έντυπο

表格

έγγραφο

文件

αγοράζω
买

πληρώνω
付钱

συναλλάσσομαι
交易

χρήματα
现金

δολάριο
美元

ευρώ
欧元

γιεν
日元

ρούβλι
卢布

ελβετικό φράγκο
瑞士法郎

ρενμίνμπι γιουάν
人民币

ρουπία
卢比

ATM (αυτόματη ταμειακή μηχανή)
提款处

ανταλλακτήρια
συναλλάγματος

外币兑换处

χρυσός

金

ασήμι

银

πετρέλαιο

石油

ενέργεια

能源

τιμή

价格

συμβόλαιο

合同

φόρος

税金

μετοχή

股票

δουλεύω

工作

υπάλληλος

职员

εργοδότης

老板

εργοστάσιο

工厂

κατάστημα

商店

αστυνόμος
警官

πυροσβέστης
消防员

μάγειρας
厨师

γιατρός
医生

πιλότος
飞行员

κηπουρός

园丁

ξυλουργός

木匠

μοδίστρα

裁缝

δικαστής

法官

χημικός

化学家

ηθοποιός

演员

οδηγός λεωφορείου

公交车司机

ταξιτζής

出租车司机

ψαράς

渔夫

καθαρίστρια

清洁女工

τεχνίτης στεγών

屋顶工

σερβιτόρος

服务员

κυνηγός

猎人

ζωγράφος

画家

αρτοποιός

面包师

ηλεκτρολόγος

电工

οικοδόμος

建筑工人

μηχανολόγος

工程师

κρεοπώλης

屠夫

υδραυλικός

水管工

ταχυδρόμος

邮递员

στρατιώτης

士兵

αρχιτέκτονας

建筑师

ταμίας

收银员

ανθοπώλης

花农

κομμωτής

理发师

ελεγκτής εισιτηρίων

售票员

μηχανικός

机械师

καπετάνιος

船长

οδοντίατρος

牙医

επιστήμονας

科学家

ραβίνος

拉比

ιμάμης

伊玛目

μοναχός

和尚

ιερέας

牧师

σφυρί
铁锤

πένσα
钳子

κατσαβίδι
螺丝刀

Γαλλικό κλειδί
扳手

φακός
手电筒

εκσκαφέας

挖掘机

εργαλειοθήκη

工具箱

σκάλα

梯子

πριόνι

锯子

καρφιά

钉子

τρυπάνι

钻机

επισκευάζω

修

φτυάρι

铲子

Να πάρει!

靠！

φαράσι

簸箕

δοχείο χρωμάτων

油漆桶

βίδες

螺丝

μουσικά όργανα
乐器

ντραμς
打击乐器

μεγάφωνο
扬声器

κιθάρα
吉他

κοντραμπάσο
低音提琴

τρομπέτα
小号

πιάνο

钢琴

βιολί

小提琴

μπάσο

贝斯

τύμπανα

定音鼓

τύμπανο

鼓

πλήκτρα

电子琴

σαξόφωνο

萨克斯管

φλάουτο

长笛

μικρόφωνο

麦克风

τίγρης
老虎

είσοδος
入口

κλουβί
笼子

ζέβρα
斑马

ζωοτροφή
动物饲料

πάντα
熊猫

ζώα

动物

ελέφαντας

大象

καγκουρό

袋鼠

ρινόκερος

犀牛

γορίλας

大猩猩

αρκούδα

熊

καμήλα

骆驼

στρουθοκάμηλος

鸵鸟

λιοντάρι

狮子

πίθηκος

猴子

φλαμίνγκο

火烈鸟

παπαγάλος

鹦鹉

πολική αρκούδα

北极熊

πιγκουίνος

企鹅

καρχαρίας

鲨鱼

παγώνι

孔雀

φίδι

蛇

κροκόδειλος

鳄鱼

φύλακας ζωολογικού κήπου

动物园管理员

φώκια

海豹

τζάγκουαρ

美洲豹

πόνυ

矮种马

λεοπάρδαλη

豹

ιπποπόταμος

河马

καμηλοπάρδαλη

长颈鹿

αετός

老鹰

αγριογούρουνο

野猪

ψάρι

鱼

χελώνα

龟

θαλάσσιος ίππος

海象

αλεπού

狐狸

γαζέλα

羚羊

αθλήματα
体育

Αμερικάνικο ποδόσφαιρο
橄榄球

ποδηλασία
骑自行车

αντισφαίριση
网球

μπάσκετ
篮球

κολύμβηση
游泳

χόκεϋ επί πάγου
冰球

πυγχαμία
拳击

ποδόσφαιρο
英式足球

μπάντμιντον
羽毛球

στίβος
田径

χάντμπολ
手球

σκι
滑雪

πόλο
马球

πηδάω
跳

αγκαλιάζω
拥抱

γελάω
笑

περπατάω
走路

τραγουδάω
唱

ονειρεύομαι
做梦

προσεύχομαι
祈祷

φιλάω
亲吻

γράφω
书写

σχεδιάζω
画

δείχνω
展示

πιέζω
推

δίνω
给

παίρνω
拿

έχω

有

κάνω

做

είμαι

当

στέκομαι

站

τρέχω

跑

τραβάω

拉

ρίχνω

扔

πέφτω

摔倒

ξαπλώνω

躺

περιμένω

等待

κουβαλώ

携带

κάθομαι

坐

φοράω

穿衣

κοιμάμαι

睡觉

ξυπνάω

醒来

δραστηριότητες - 活动

κοιτάω

看

κλαίω

哭

χαϊδεύω

抚摸

χτενίζω

梳头

μιλάω

交谈

καταλαβαίνω

明白

ρωτάω

问

ακούω

听

πίνω

喝

τρώω

吃

συγυρίζω

清理

αγαπάω

爱

μαγειρεύω

做饭

οδηγώ

开车

πετάω

飞

κάνω ιστιοπλοΐα

航行

υπολογίζω

计算

διαβάζω

读

μαθαίνω

学习

δουλεύω

工作

παντρεύομαι

结婚

ράβω

缝

βουρτσίζω τα δόντια

刷牙

σκοτώνω

杀

καπνίζω

抽烟

στέλνω

寄

γιαγιά
祖母

παππούς
祖父

πατέρας
父亲

μητέρα
母亲

μωρό
婴童

κόρη
女儿

γιος
儿子

καλεσμένος

客人

θεία

阿姨

θείος

叔叔

αδελφός

兄弟

αδελφή

姐妹

μέτωπο
前额

μάτι
眼睛

ώμος
肩膀

δάχτυλο
手指

πρόσωπο
脸

πιγούνι
下巴

χέρι
手

στήθος
乳房

πόδι
腿

βραχίονας
手臂

μωρό

婴童

άνδρας

男人

γυναίκα

女人

κορίτσι

女孩

αγόρι

男孩

κεφάλι

头

πλάτη

背部

κοιλιά

肚子

αφαλός

肚脐

δάχτυλο ποδιού

脚趾

φτέρνα

脚后跟

κόκκαλο

骨头

γοφός

臀部

γόνατο

膝盖

αγκώνας

手肘

μύτη

鼻子

γλουτός

屁股

δέρμα

皮肤

μάγουλο

脸颊

αυτί

耳朵

χείλος

嘴唇

στόμα

嘴

δόντι

牙齿

γλώσσα

舌头

εγκέφαλος

脑

καρδιά

心脏

μυς

肌肉

πνεύμονας

肺

συκώτι

肝脏

στομάχι

胃

νεφρά

肾脏

σεξουαλική επαφή

性交

προφυλακτικό

避孕套

ωάριο

卵子

σπέρμα

精子

εγκυμοσύνη

怀孕

περίοδος

月经

γυναικείος κόλπος

阴道

πέος

阴茎

φρύδι

眉毛

μαλλιά

头发

λαιμός

脖子

νοσοκομείο
医院

νοσοκομείο
医院

ασθενοφόρο
救护车

αναπηρικό καροτσάκι
轮椅

κάταγμα
骨折

γιατρός

医生

μονάδα εντατικής θεραπείας

急诊室

νοσοκόμα

护士

έκτακτη ανάγκη

紧急情况

λιπόθυμος

昏迷

πόνος

痛

τραύμα

受伤

αιμορραγία

出血

έμφραγμα

心脏病发作

εγκεφαλικό

中风

αλλεργία

过敏

βήχας

咳嗽

πυρετός

发烧

γρίπη

流感

διάρροια

腹泻

πονοκέφαλος

头痛

καρκίνος

癌症

διαβήτης

糖尿病

χειρουργός

外科医生

νυστέρι

手术刀

εγχείρηση

手术

αξονική τομογραφία

CT

ακτινογραφία

X光

υπέρηχος

超声波

μάσκα

口罩

ασθένεια

疾病

αίθουσα αναμονής

候诊室

πατερίτσα

拐杖

χάνσαπλαστ

石膏

επίδεσμος

绷带

ένεση

注射

στηθοσκόπιο

听诊器

φορείο

担架

θερμόμετρο

体温计

γέννηση

出生

υπέρβαρο

超重

ακουστικό βαρηκοΐας

助听器

αντισηπτικό

消毒液

λοίμωξη

感染

ιός

病毒

HIV/AIDS

艾滋病

φάρμακο

药物

εμβολιασμός

接种疫苗

δισκία

药片

χάπι

药丸

κλήση έκτακτης ανάγκης

急救电话

πιεσόμετρο αίματος

血压计

άρρωστος / υγιής

生病/健康

Βοήθεια!
救命！

συναγερμός
警报

βιαιοπραγία
突击

επίθεση
攻击

κίνδυνος
危险

έξοδος κινδύνου
紧急出口

Φωτιά!
着火啦！

πυροσβεστήρας
灭火器

ατύχημα
意外

κουτί πρώτων βοηθειών
急救箱

SOS
呼救信号

αστυνομία
警察

Ευρώπη

欧洲

Βόρεια Αμερική

北美洲

Νότια Αμερική

南美洲

Αφρική

非洲

Ασία

亚洲

Αυστραλία

澳洲

Ατλαντικός Ωκεανός

大西洋

Ειρηνικός Ωκεανός

太平洋

Ινδικός Ωκεανός

印度洋

Ανταρκτικός Ωκεανός

南冰洋

Αρκτικός Ωκεανός

北冰洋

Βόρειος Πόλος

北极

Νότιος Πόλος

南极

Ανταρκτική

南极洲

Γη

地球

γη

陆地

θάλασσα

海

νησί

岛

έθνος

国家

πολιτεία

国家

καντράν ρολογιού

钟面

ωροδείκτης

时针

λεπτοδείκτης

分针

δείκτης δευτερολέπτων

秒针

Τι ώρα είναι;

现在几点？

ημέρα

天

χρόνος

时间

τώρα

现在

ψηφιακό ρολόι

电子表

λεπτό

分

ώρα

时

εβδομάδα
周

Δευτέρα 周一   MO
Τετάρτη 周三   W
Παρασκευή 周五   FR
TU
TH
SA
Σάββατο 周六
SO
Τρίτη 周二
Πέμπτη 周四
Κυριακή 周日

χθες

昨天

σήμερα

今天

αύριο

明天

πρωί

早晨

μεσημέρι

中午

βράδυ

晚上

MO	TU	WE	TH	FR	SA	SU
1	2	3	4	5	6	7
8	9	10	11	12	13	14
15	16	17	18	19	20	21
22	23	24	25	26	27	28
29	30	31	1	2	3	4

εργάσιμες ημέρες

工作日

MO	TU	WE	TH	FR	SA	SU
1	2	3	4	5	6	7
8	9	10	11	12	13	14
15	16	17	18	19	20	21
22	23	24	25	26	27	28
29	30	31	1	2	3	4

Σαββατοκύριακο

周末

βροχή
雨

ουράνιο τόξο
彩虹

χιόνι
雪

άνεμος
风

άνοιξη
春

φθινόπωρο
秋

καλοκαίρι
夏

χειμώνας
冬

πρόγνωση καιρού

天气预报

θερμόμετρο

温度计

λιακάδα

阳光

σύννεφο

云

ομίχλη

雾

υγρασία

潮湿

αστραπή

闪电

κεραυνός

打雷

καταιγίδα

风暴

χαλάζι

冰雹

μουσώνας

季风

πλημμύρα

洪水

πάγος

冰

Ιανουάριος

一月

Φεβρουάριος

二月

Μάρτιος

三月

Απρίλιος

四月

Μάιος

五月

Ιούνιος

六月

Ιούλιος

七月

Αύγουστος

八月

Σεπτέμβριος

九月

Οκτώβριος

十月

Νοέμβριος

十一月

Δεκέμβριος

十二月

σχήματα
形状

κύκλος

圆形

τετράγωνο

正方形

ορθογώνιο
παραλληλόγραμμο
长方形

τρίγωνο

三角形

σφαίρα

球体

κύβος

立方体

άσπρο

白

κίτρινο

黄

πορτοκαλί

橙

ροζ

粉

κόκκινο

红

μωβ

紫

μπλε

蓝

πράσινο

绿

καφέ

棕

γκρι

灰

μαύρο

黑

πολύ / λίγο

很多/少许

θυμωμένος / ήρεμος

生气/平静

όμορφος / άσχημος

美/丑

αρχή / τέλος

首/尾

μεγάλος / μικρός

大/小

φωτεινός / σκοτεινός

明/暗

αδελφός / αδελφή

兄弟/姐妹

καθαρός / λερωμένος

干净/肮脏

πλήρης / ατελής

完整/缺失

ημέρα / νύχτα

白天/晚上

νεκρός / ζωντανός

死/生

φαρδύς / στενός

宽/窄

βρώσιμος / μη βρώσιμος

可食用/非食用

κακός / ευγενικός

邪恶/善良

ενθουσιασμένος / βαριεστημένος

兴奋/无聊

παχύς / λεπτός

胖/瘦

πρώτος / τελευταίος

第一/最后

φίλος / εχθρός

朋友/敌人

γεμάτος / άδειος

满/空

σκληρός / μαλακός

硬/软

βαρύς / ελαφρύς

重/轻

πείνα / δίψα

饿/渴

άρρωστος / υγιής

生病/健康

παράνομος / νόμιμος

非法/合法

έξυπνος / χαζός

聪明/愚笨

αριστερός / δεξιός

左/右

κοντινός / μακρινός

近/远

καινούριος /
μεταχειρισμένος

新/旧

τίποτα / κάτι

没有/有些

γέρος | νέος

老/幼

αναμμένος / σβηστός

开/关

ανοιχτός / κλειστός

打开/合上

χαμηλόφωνος /
μεγαλόφωνος
安静/吵闹

πλούσιος / φτωχός

富/穷

σωστός / λανθασμένος

对/错

τραχύς / λείος

粗糙/光滑

λυπημένος / χαρούμενος

伤心/高兴

κοντός / μακρύς

短/长

αργός / γρήγορος

慢/快

υγρός / στεγνός

湿/干

ζεστός / δροσερός

温暖/凉爽

πόλεμος / ειρήνη

战争/和平

αντίθετα - 反义词

0

μηδέν

零

1

ένα

一

2

δύο

二

3

τρία

三

4

τέσσερα

四

5

πέντε

五

6

έξι

六

7

εφτά

七

8

οκτώ

八

9

εννιά

九

10

δέκα

十

11

έντεκα

十一

12
δώδεκα
十二

13
δεκατρία
十三

14
δεκατέσσερα
十四

15
δεκαπέντε
十五

16
δεκαέξι
十六

17
δεκαεφτά
十七

18
δεκαοκτώ
十八

19
δεκαεννέα
十九

20
είκοσι
二十

100
εκατό
百

1.000
χίλια
千

1.000.000
εκατομμύριο
百万

Αγγλικά

英语

Αμερικάνικα Αγγλικά

美式英语

Μανδαρίνικα Κινέζικα

普通话

Χίντι

印地语

Ισπανικά

西班牙语

Γαλλικά

法语

Αραβικά

阿拉伯语

Ρώσικα

俄语

Πορτογαλικά

葡萄牙语

Μπενγκάλι

孟加拉语

Γερμανικά

德语

Ιαπωνικά

日语

εγώ

我

εσύ

你

αυτός / αυτή / αυτό

他/她/它

εμείς

我们

εσείς

你们

αυτοί / αυτές / αυτά

他们

ποιος / ποια / ποιο;

谁？

τι;

什么？

πώς;

怎样？

πού;

哪里？

πότε;

什么时候？

όνομα

名字

πίσω

后面

μέσα

里面

μπροστά

前面

πάνω από

上方

πάνω

上面

κάτω

下面

δίπλα

旁边

ανάμεσα

中间

μέρος

地点